MICHEL LASNE

DE CAEN

GRAVEUR EN TAILLE DOUCE

PAR

Thomas ARNAULDET et Georges DUPLESSIS.

> Michel l'Asne, estimé, surprenant bien du monde
> Par son burin si net, fut loué de son temps ;
> Plus de cinq cent portraicts au goust de force gens,
> Ont honoré ses jours tant sa main fut féconde.
> (MAROLLES, *livre des Peintres et Graveurs.*)

CAEN
ÉDITÉ PAR B. MANCEL
IMPRIMERIE DE BUHOUR, RUE FROIDE, 9.

1856

Cette Notice a été tirée à 100 Exemplaires.

MICHEL LASNE

DE CAEN

GRAVEUR EN TAILLE DOUCE.

La ville de Caen ne s'est jamais montrée bien fière d'avoir donné le jour à Michel Lasne. Cet artiste est pourtant l'un des graveurs les plus remarquables du xviie siècle ; il nous paraît même partager, avec Claude Mellan et Pierre Daret, l'honneur d'avoir fondé notre grande école de gravure.

Pour se former une juste idée de la direction nouvelle qu'imprimèrent à leur art ces trois habiles burinistes, auxquels il conviendrait peut-être d'adjoindre Grégoire Huret, il est nécessaire de comparer leurs travaux avec ceux des principaux représentants de l'école antérieure, Thomas de Leu et Léonard Gaultier, par exemple. Pour ne parler que du procédé, avec quelle simplicité de moyens, quelle largeur d'exécution ils arrivèrent au même résultat que ces minutieux petits-maîtres, dont l'intérêt historique constitue la principale valeur, et sur lesquels le talent de dessinateurs leur donne, du reste, une incontestable supériorité artistique. Autant ceux-ci s'efforçaient de serrer et de multiplier leurs tailles, autant ceux-là les espaçaient et s'en montraient avares. On peut attribuer avec raison au peintre Simon Vouet la première initiative à l'égard de cette simplicité et de cette largeur dans les moyens d'exécution ; cependant son influence n'a été qu'indirecte pour ce qui est de la gravure dont le sort ne dépendait point alors complètement de celui de la peinture. L'honneur en revient de droit aux graveurs que nous venons de nommer, qui ont le plus souvent reproduit leurs propres compositions, et, pour une très-grande part, à Michel Lasne.

Outre son mérite artistique, sur lequel nous reviendrons, Michel Lasne a, comme ses devanciers, une autre valeur qui lui est moins contestée; nous voulons parler de sa valeur historique, due en partie au grand nombre de portraits fidèles qu'il nous a laissés de la plupart des personnages célèbres de son temps. Contentons-nous de rappeler, sur ce point, l'intérêt qui s'attache à deux de ses premiers ouvrages gravés dans un goût approchant de celui de Crispin de Passe, les portraits en pied de Louis XIII et d'Anne d'Autriche, publiés vers 1622 par Nicolas de Mathonnière, et si curieux comme détails de costume.

A ce titre surtout de graveur historique, Michel Lasne aurait mérité, depuis Huet et le père Martin (1),

(1) Nous devons à M. G.-S. Trebutien la publication de leur curieuse correspondance avec M. de la Brethonnière, laquelle, nous devons bien l'avouer, va servir de fond à notre notice. Nous croyons ne pouvoir mieux faire que de reproduire ici ces pièces, empruntées aux *Archives de l'art français, Documents*, Tom. 1, p. 39-48.

Le père Martin, à qui Huet avait communiqué le manuscrit des *Origines*, imprimé depuis, à Rouen, en 1706, et dont nous ne reproduisons pas la notice, puisqu'elle n'est qu'un extrait tronqué de ces lettres mêmes, lui écrivait, le 23 février 1699:

« Je commence, Monseigneur, par remarquer qu'on pourroit justement ajouter à nos illustres ceux qui suivent..... Michel Lane, ce graveur celebre qui a gravé les plus considerables de son temps, dont M. de Marole parle dans son livre d'Estampes, et ou il decrit son œuvre. »

Réponse de Huet:

« A Paris, le 26 fevrier 1699.

» J'avois marqué Michel l'Asne dans mon cahier, mais je ne scay de luy que le nom et la profession. Si vous m'en apprenez quelque autre chose, vous me fairez plaisir, mais ajoutez toujours les dattes..... »

Nouvelle lettre de Huet, datée du 27 mars 1699:

« Je voudrois savoir les particularitez de la vie de Michel l'Asne, graveur, le lieu et le tems de sa naissance et de sa mort. J'avois deja leu toutes ces remarques dans les Recherches de M. Petite; tout cela vient d'une mesme source, savoir de M. l'abbé de Villeloin, auteur frivole..... »

Le père Martin écrit de nouveau:

« A Caen, le 3 avril 1699.

» Je n'ay jamais consulté l'abbé de Vileloin sur aucune chose, encore moins sur ce qui peut concerner notre ville. Seulement ay-je

ses seuls biographes provinciaux, plus d'égards de la part de ses compatriotes, qui, s'ils ne sont pas, comme nous le verrons, complètement muets sur son compte, sont toutefois bien pauvres de faits biographiques. C'est donc sur eux que devront retomber, en grande partie, les reproches que l'on nous adressera aussi, sans doute, relativement à cette pénurie de renseigne-

appris de lui, que M⁺ Lasne étoit de Caen, et c'est dans son catalogue d'estampes.

» J'ay vu M⁺ de la Bretonniere qui m'a fait esperer que dans une lettre qu'il me doit donner, il marquera ce qu'il sait de ce fameux graveur du Roy chez qui il a demeuré à Paris plus d'un an. Il m'a dit par avance qu'il étoit né dans la paroisse de St Pierre, qu'il avoit plus de 80 ans quand il est mort, qu'il est mort à Paris, et a été inhumé dans la paroisse de S⁺ Germain l'Ausserois. Il m'a dit aussi que le Roy Louis XIII avoit beaucoup d'estime pour lui, que la Reine son épouse l'avoit gratifié d'une chaine d'or et d'une médaille d'or. Son portrait est chez ce monsieur très ressemblant ; il tient dans sa main un tableau de la Nativité de N. S. avec la représentation d'un bœuf et point d'un âne, par ce qu'il est l'âne lui même. Il se nomme en latin Asinius. »

Lettre de M. de la Brethonnière à Huet :

« Avril. 1699.

» Monseigneur,

» Le reverend père Martin, religieux de St François, m'aiant aduerti que dans les recherches que vous prenés la peine de faire des antiquités et choses remarquables de nre ville de Caen, le s⁺ Michel Lasne, graveur, avoit l'honneur d'estre emploié en uos mémoires, et meritoit de trouuer sa place dans uos recherches, et que comme je pouuois auoir q'q congnoissance particuliere de son merite, je ferois chose qui seroit agréable à vostre grandeur, si je uous en informois, c'est, Monseig⁺, ce qui me fait prendre la liberté de vous escrire celle-cy pour vous dire que ce s⁺ Lasne estoit originaire de Caen, fils d'un orfeure de la mesme ville, alla demeurer à Paris, y espouza Magᵐᵉ de Martigny, niepce d'un curé de Plumetot, près Caen, allerent depuis à Bruxelles, et enfin, pour son merite, eut son logement sous les galleries du Louvre, à Paris. Il estoit voisin et bon amy du s⁺ Varin, maistre de la monnoye du Louvre. L'un et l'autre ont excellé dans l'art de graueur, le 1ᵉʳ pour les tailles douces, et l'autre pour les coins, pour les médailles et la monnoye. Ce s⁺ Lasne fut fort consideré et puis dire aimé de Louis XIII, du cardinal de Richelieu et enfin d'Anne d'Autriche, mere du Roy presentement regnant, laquelle luy donna une médaille d'or pendue d'une chaine d'or qu'il porta jusques à la fin de ses jours pour temoigner de la bonne volonté de S. M. Il mourut enfin en 1670 ou 1671, et fut inhumé à St Germain l'Auxerrois, sa paroisse. Je scay ces particularités parce que jai demeuré chez luy a Paris environ un

ments, à laquelle nous sommes condamnés après Marolles, Florent le Comte et leurs copistes souvent inexacts.

On ignore jusqu'à la date précise de la naissance de Michel Lasne. L'opinion la plus vraisemblable est celle qui la fixe à l'année 1595. (1) Florent le Comte, son

an. Il estoit homme de regal, ce qui lempescha de faire une fortune considerable.

» Jay son portraict admirablement bien fait, et qui mérite destre veu par les personnes qui se congnoissent en peinture. Il auoit un cabinet rempli de très beaux tableaux, et estoit de son uiuant uisité des personnes curieuses de la 1ere qualité. Depuis son decedś j'ay eu peu de commerce auec sa postérité, ce qui me met dans l'incertitude du jour de sa mort. Il auoit un fils très beau garçon, qui mourut à lage de 20 ans. Je suis oblige, Monseign^r, a la memoire de cet ami qui me pourra remettre en la vostre, vous supliant de croire que je suis veritablement,

» Monseigneur,

» Votre tres humble et tres obeisst serviteur,

» DE LA BRETHONNIERE. »

Enfin, Huet explique l'omission de Michel Lasne dans la première édition de ses *Origines*, par ces deux derniers extraits de ses lettres:

« A Aunay, 16 aoust 1703. — ... Mr de la Bretonniere a raison de s'estonner que je n'aye rien dit de Michel l'Asne. Je me suis estonné comme luy que l'article qui concernoit ce graveur, que j'avois sur les mémoires de Mr de la Bretonnière, ait esté obmis par le libraire; cet article avoit esté ajouté à ma copie, et placé dans un endroit, où il ne fut pas apperceu par le compositeur, et je ne m'en apperceus qu'après que lédition fut publique. Si l'on en fait une seconde, la faute sera reparée..... »

« A Paris, 7 décembre 1703. — .. Vous avez raison de dire que vous aviez veu l'éloge du père Catillon, dans ma copie des *Origines de Caen*; celuy de Michel l'Asne, graveur, y estoit aussi; mais c'est une chose pitoyable que la manière dont cet ouvrage a esté dechiré et cicatrisé par les imprimeurs..... »

— Il nous reste à dire que les originaux de ces lettres sont conservés à la Bibliothèque de Caen parmi les autres lettres du P. Martin à Huet. * Les deux derniers extraits sont puisés dans celles que possède la Bibliothèque Impériale de Paris.

(1) Nous croyons, avec M. de Chennevières, qu'il ne faut pas, sur ce point, tenir compte des souvenirs de plus de trente ans que rappelle M. de la Brethonnière en faisant mourir notre maître vers 1670, âgé de plus de quatre-vingts ans, ce qui reporterait sa naissance avant 1590.

* C'est une légère inexactitude de M. de Chennevières. Les originaux de ces lettres, qui se trouvaient entre les mains de M. Léchaudé-d'Anisy, ne sont point conservés à la Bibliothèque de Caen.

contemporain, est le premier, croyons-nous, qui fournisse cette date, reproduite depuis, par la plupart de ses continuateurs, et presque confirmée par celles qui se trouvent sur les premières estampes dues au burin de notre artiste. Le portrait d'Ambroise de Salazar, dont la publication fut peut-être précédée par celle de quelques vignettes destinées à des ouvrages que nous n'avons pas encore pu découvrir, et qui porte l'année 1617, est bien en effet l'œuvre d'un commençant et d'un jeune homme de vingt-deux ans.

M. de la Brethonnière, dans sa correspondance avec le P. Martin, que nous reproduisons en note, nous apprend qu'il naquit dans la paroisse de St-Pierre et que son père était orfèvre (1).

On peut supposer qu'il prit dans l'atelier même de son père, les premiers éléments de l'art du graveur en taille-douce, si analogue à celui de l'orfèvre. Tout en partageant à cet égard l'opinion, déjà exprimée par M. de Chennevières, (2) opinion que de nombreux exemples pourraient au besoin venir corroborer, nous pensons cependant, avec Mariette et d'autres auteurs, que là ne dut point se borner l'apprentissage

---

(1) L'homonymie pourrait faire regarder comme le père de notre artiste, un certain Jean-Etienne Lasne, graveur assez médiocre sur lequel on manque de renseignements et qui paraît un peu antérieur à Michel. Nous connaissons de lui, outre la pièce citée par M. de Chennevières (St-Joseph, in-4°), ces quelques autres estampes : 1° un très-curieux frontispisce gravé d'après le toulousain Chalette, le maître d'Hilaire Pader qui en parle dans le *Songe énigmatique de la peinture universelle*, Toulouse 1658, in-4° · *Historia prostatæ a Ludovico XIII sectariorum in Gallia rebellionis autore gabr. Bartholomæo Gramoundo in suprema Tolosarum curia senatore Regio. Tolosæ Bosc Bibliopolam, anno* 1623.—*J. Calettein. cum privilegio Regis.—J. E Lasne fecit*, in-4° ; 2° le portrait de *Gil. Primirosius scotus Calvinorum minister Burdigal. an.* 1623. *æt.* 52; 3° celui d'un membre du parlement de Bordeaux, nommé Gourgues, mort en 1608 ; 4° Enfin, la marque de l'imprimeur lyonnais Ant. Chard, *sub signo Sancti Spiritus*, in-4°. Il résulte de ces pièces que ce J.-E. Lasne a travaillé dans le midi, ce qui ne permet guère de le croire père de Michel Lasne.

(2) Dans les curieuses notes qu'il a jointes à la publication de la correspondance reproduite ci-dessus, il cite à l'appui, le nom d'un horloger-graveur, Martin Estienne, aussi de Caen, et dont nous connaissons deux portraits, celui de Segrais et celui de Michel de Barberie.

de notre artiste. Ce célèbre connaisseur, que cette importante question d'éducation artistique préoccupe fréquemment dans ses curieuses notes manuscrites (1), penche tantôt, pour le croire condisciple de Mellan, sous Léonard Gaultier — ces trois artistes gravèrent en effet, ensemble, une suite de sujets relatifs à la vie des Saints, — tantôt pour en faire l'élève du flamand Théodore Galle, « et encore plustost de Pierre de Jode le Vieux, qui, non seulement gravoit, mais tenoit boutique d'estampes et faisoit graver pour son compte de jeunes artistes, » tantôt enfin, pour regarder Jacques de Bie comme son maître. Ces différentes présomptions, pleinement autorisées par les rapports des travaux de Michel Lasne avec le goût de ces artistes flamands, peuvent aussi résulter de l'examen de quelques œuvres primitives de notre maître, notamment des pièces suivantes : 1° Saint-Ignace les mains jointes, avec ces mots: *Theod. Galle ex*, in-8° ; 2° Sainte Famille d'après Rubens, marquée *P. de Jode excudit*, in f° ; 3° Frontispice, d'après Rubens, de la première édition des médailles de Goltzius, intitulée : *Nomismata imperatorum Romanorum aurea, argentea, œrea A. C. Julio Cœsare usque ad Valentinianum Aug. opera Jacobi Biœi antuerpiani œri graphice incisa cum indice copioso Antuerpiœ 1617. M. Asinius f.* in-4° ; 4° Portrait de Louis XIII pour la suite des rois de France, de Jacques de Bie, publiée à Paris en 1634, in-f°, date qui rend cette dernière pièce moins intéressante pour la question qui nous occupe, et qui laisse présumer que Mariette pouvait avoir d'autres raisons pour croire Michel Lasne l'élève de Jacques de Bie.

Quoi qu'il en soit, il est certain que, soit que Michel Lasne eût travaillé sous ces maîtres, soit qu'il s'inspirât seulement de leurs ouvrages, il se proposa aussi d'autres modèles. Les gravures de Francesco Villamena, de Corneille Bloemaert et des Sadeler, qui jouissaient alors, et à juste titre, de la vogue, paraissent avoir surtout fixé son attention dans ses débuts.

Depuis son retour à Paris, en 1621, de son voyage d'Anvers, qui est constaté par quelques-unes des pièces

---

(1) MM. de Chennevières et de Montaiglon en poursuivent activement la publication dans les *Archives de l'Art français*.

que nous venons de citer, il paraît s'y être fixé définitivement. Les dates et les dédicaces consignées sur ses estampes prouvent suffisamment, en effet, sa présence à Paris jusqu'à sa mort, car nous pensons que le frontispice de *Leonardi Lessii.. de justitia et jure .. libri quatuor. Lugduni, sumptibus Ludovici Prost hæredis Rouille, 1622*, in-f°, a été gravé à Paris, de même que le portrait équestre de Ch. de Neuville, portant l'année 1624. M. de La Brethonnière parle toutefois d'un voyage à Bruxelles dont les estampes de Lasne n'ont point conservé le souvenir.

C'est vers 1625 qu'il dut épouser Madeleine de Martigny, nièce d'un curé de Plumetot, près Caen, et dont le nom nous est conservé par la lettre de M. de La Brethonnière et par l'acte de naissance dans la paroisse de Saint-Benoît, de sa fille Madeleine, à la date du 14 janvier 1627 (1). De ce même mariage naquirent probablement les deux autres enfants, un fils et une seconde fille, que nous trouvons mentionnés l'un, dans cette même lettre, — il mourut à l'âge de vingt ans : — l'autre, Elisabeth, dans la pièce que nous citerons à l'occasion de la date de mort de Michel Lasne.

L'originalité de son talent commence à se montrer vers 1625, mais c'est surtout à partir de 1630 que l'on peut constater cette simplicité et cette largeur d'exécution, parfois un peu froide, qui le caractérisent, particulièrement dans les portraits de Pierre Seguier, 1633 (2); de Pierre de Marcassus, d'après D. Dumonstier; de Strozzi, d'après Simon Vouet; de Brunyer, d'après Van-Dyck (3), de Sanchez (1636) et de Nicolas Renouard, probablement d'après son propre dessin. Le genre qu'il y adopte, consiste dans un croise-

---

(1) « Saint-Benoît, naissances : Le samedy seizieme jour de janvier 1627, fut baptizée Magdeleine, fille de Michel Lasne et de Magdeleine de Martigny, sa femme. » (Actes de baptêmes, de mariage et de mort extraits des registres de l'Hôtel-de-Ville de Paris, et publiés par M. Fr. Reiset, conservateur des dessins du Louvre dans les *Archives de l'Art Français*, Doc. tom. III, p. 171.)

(2) Avec ces mots : *Specimen Artis addictiss. Cliens Micael Lasne offereb.*

(3) Il existe, au cabinet des estampes de Paris, une superbe épreuve d'essai de ce joli portrait, où la tête seule est terminée.

ment de hachures à angle droit, moins brillant, moins prétentieux et moins fantastique tendant à rendre d'une manière naïve, mais non pas dénuée d'une énergie simple et correcte, le caractère et la physionomie du personnage; quelquefois aussi, il n'emploie qu'une seule taille, comme Mellan, qu'il précéda même peut-être dans ce genre, dans lequel il ne peut toutefois lui être comparé. Dans les sujets, dont plusieurs sont de sa composition, Michel Lasne se montre dessinateur correct, et habile à rendre les divers caractères des passions; quelques-uns d'entre eux suffiraient pour lui assurer un rang honorable parmi les *peintres-graveurs* du XVIIe siècle. Son goût de dessin et l'uniformité de ses procédés d'exécution l'empêchaient même de s'identifier aussi bien avec la pensée de l'artiste qu'il voulait traduire, au point que le caractère propre de chaque maître a quelquefois disparu dans ses gravures (1). L'une de ses plus belles estampes, si ce n'est même son chef-d'œuvre, est cependant la Madeleine pleurant auprès du corps mort du Christ étendu sur son tombeau, qu'il grava en 1641, d'après Ch. Le Brun. Le corps du Christ est traité surtout avec une rare simplicité de moyens et avec une grande énergie dans l'effet.

Dès 1633, Louis XIII, dont Michel Lasne fut fort considéré, avait reconnu son mérite en lui accordant un brevet de logement sous les galeries du Louvre. En voici les termes:

« Aujourdhuy vingt huite mars mil six cens trente trois, le Roy estant à St Germain en Laye voulant

---

(1) Voici la liste à peu près complète des peintres d'après lesquels il a gravé : Fr. Albani, Gius. Arpino, Fr. Barbieri, Lub. Baugin, L. Van Borz, Abr. Bosse, J. Bourdichon, Seb. Bourdon, P. Brebiette, Brizio, P. Caliari, Ann. Aug. et Louis Carrache, Ben. Castiglione, Ph. de Champagne, Fr. Chauveau, Sal. de Brosse, Abr. Van Diepembecke, A. Van Dyck, Ambr. Dubois?, T. Dubreuil, D. Dumonstier, P. Farinati, Ferdinand, H. Ferrari, Bert. Fillet de la Curée, Jacq. Franco, T. de Francini, P. Franck, Mart. Freminet, Jacq. Gaffarel, H. de Gissey, Herbin, Hurel, G. Huret, Laur. de La Hyre, Ch. Le Brun, Le Grain, J. Lice, Niceron, P. Mignard, Fr. Perrier, Vinc. Plassard, Fr. Porbus, Prevost, Aug. Quesnel, Dan. Rabel, G. Reni, Jos. Ribera, P. P. Rubens, J. de Saint-Igny, Raff. Sanzio, Jacq. Sarrazin, B. Spranger, Jacq. Stella, Tiz. Vecelli, Cl. Vignon, Aub. et Sim. Vouet.

traiter le plus favorablement qu'il luy sera possible Michel Lasne, son dessignateur et graueur en taille douce, en considération de l'expérience qu'il s'est acquise en cet art, Sa Majesté luy a volontairement accordé le logement qui estoit cy devant occupé par les deffunts Marbreaux au dessoutz de la grande gallerie du Louvre, pour en donner (sic) par ledit Lasne sa vie durant et en jouir ainsy que faisoient lesdits Marbreaux et comme font les autres qui ont semblables logemens dans ladite gallerie a cette fin sadite Majesté mande et ordonne au s* de Fourcy, surintendant de ses bâtiments, de le mettre en possession en vertu du présent brevet quelle a pour ce voulu signer de sa main et estre contresigné par moy conseiller en son conseil d'Estat et secrétaire de ses commandements et finances. Signé *Louis* et plus bas *de Lomenye*. »

Deux autres brevets, l'un du 28 septembre 1637, l'autre du dernier avril 1648, confirment le précédent et ne présentent rien de particulier, ils font seulement voir le cas que la Cour faisait du talent de notre artiste. Ces *Brevets* ont été publiés dans les *Archives de l'art français*, par M. A. L. Lacordaire, directeur de la manufacture impériale des Gobelins, qui les avait puisés dans les Archives impériales.

Michel Lasne fit part lui-même au public de ce ce bienfait royal, sur son *Christ en croix*, dédié au roi : « *Æternitati Ludovici XIII Francorum Imperatoris et Navarrœorum regis. D. D. M. Lasne regis beneficio regiæ domus inquilina cum priuilegio* 1638. Il dut en partie cette faveur à Richelieu et surtout à Anne d'Autriche qui lui témoigna aussi son estime en lui donnant une médaille d'or, qu'il porta toujours depuis cette époque.

Il fréquentait en outre des *personnes curieuses de la première qualité*, et les recevait chez lui au milieu de sa collection de tableaux. Il était l'ami de Jean Varin et il connaissait fort bien l'abbé de Marolles qui en parle avec quelque détail dans plusieurs de ses ouvrages.

Mais malgré les *grandes débauches* que nous verrons tout-à-l'heure Florent Le Comte lui reprocher, sa vie ne laissa pas que d'être très-laborieuse, à en juger par les quelque sept cents estampes qu'il nous a laissées ; il est vrai que, dans ses dernières œuvres, les procédés de plus en plus simplifiés le sont même à tel point que l'écartement des tailles est quelquefois à peine suffisant pour rendre la forme sensible des objets et que l'effet y est tout à fait sacrifié.

Michel Lasne mourut au commencement de décembre 1667 et fut inhumé à Saint-Germain-l'Auxerrois. Cette année, fournie par Florent Le Comte, est confirmée par celle du brevet du géographe Guillaume Sanson qui lui succéda dans son logement au Louvre. Ce brevet est daté du 17 décembre 1667. Deux autres pièces nous permettent de reporter tout à fait à au commencement de ce mois, ou peut-être même la fin de novembre, l'époque de la mort de notre artiste. L'une a été citée par M. de La Morinerie. (*Arch. de l'art*, Doc. tom. III, p. 172.) Nous nous contenterons d'y renvoyer le lecteur, parce que l'autre, mentionnée dans une note de M. de Montaiglon, à l'article de M. Lasne, dans l'*Abecedario* de Mariette (Tom. III, p. 63), approche plus encore de la vérité. Voici l'extrait des passages qui nous intéressent dans cette dernière pièce : « Le lieutenant général de la prévôté de l'hôtel ayant, *au commencement de décembre 1667,* été requis par aucuns des créanciers de Michel Lasne, graveur ordinaire de Sa Majesté, décédé au galleries du Louvre, d'apposer le scellé sur les biens et effets delaissez par ledit défunt, et s'estant à cet effet transporté en son domicile auxdites galleries du Louvre, il auroit trouvé que maître de Barry, commissaire du Chastelet, avoit commencé d'apposer les scellés. » L'arrêt du grand conseil, qui autorisa à rompre et briser ceux de Barry et à lever ceux du prévôt de l'Hôtel, est du 7 décembre 1677; en conséquence, on les leva, et « le lieutenant général en la prévôté de l'hostel a levé lesdits scellez, et, à la prière et poursuite d'Elisabeth Lasne, fille dudit défunt, travaillé à l'inventaire et description de partie des biens qui se sont trouvez sous ledit scellé. » Mais Barry ne rendait pas les clefs « des coffres et cabinets du défunt. » Il y fut contraint, après une longue procédure, par un arrêt du roi en son conseil privé du 2 janvier 1668, d'où nous tirons tous ces faits. A la suite se trouve la signification du 14 janvier et cet extrait du procès-verbal de remise : « Et le 16e jour de janvier audit an 1668, » led. sr commissaire Barry, pour satisfaire audit ar-

» rêt du conseil, a rendu quatorze clefs qui ont esté
» mises ès mains dudit sieur de Fontenay par le sieur
» Dabon, à qui elles avoient esté données par ledit
» Barry pour cet effet, lesquelles clefs sont celles des
» coffres, armoires et cabinet dudit defunt Lasne, sur
» lesquels ledit commissaire Barry avait apposé le
» scellé, dont ledit Dabon a requis acte, et a signé
» Dabon, Perceval, de Fontenay, Royer. »

Il nous reste maintenant à donner de notre artiste le portrait suivant que nous extrayons de Florent Le Comte : « Il avoit un merveilleux talent pour exprimer
» les passions, et faisoit fort vite ce qu'il faisoit; mais
» il falloit pour cela qu'il fut entre deux vins, c'est
» dans cet élément où il trouvoit la source d'une heu-
» reuse fécondité qui luy ouvrait la voye à plusieurs
» desseins où il réussissait ; il aimait la douce vie et
» faisoit son capital de la joye : les grandes débauches
» qu'il fut obligé de soutenir avec des personnes du
» premier ordre avancèrent beaucoup ses années, et
» il fut regretté des honnêtes gens, car il étoit lui-
» même fort honnête homme, quoyque fort peu ac-
» commodé. » (*Cabinet des singularitez*, etc., 1702, in-12, Tcm. III, pag. 395.) Nous ajouterons à l'appui, cette autre citation, de Vigneul Marville : « Nous avons eu
» en France trois graveurs habiles, tous trois fort
» beaux hommes et très-bien faits, Lasne, Chauveau
» et Nanteuil. »

Le portrait de Michel Lasne, gravé en 1700, par Nicolas Habert (1), d'après Ch. Le Brun (2), vient parfaitement justifier l'idée qu'il est permis de se faire de sa personne, d'après les témoignages que nous venons

---

(1) La question de savoir si Michel Lasne eut des élèves est aussi douteuse que celle de savoir quels furent ses maîtres. Cependant la notice latine du P. Martin citée dans la note suivante, mentionne comme tel ce Nicolas Habert. Nous pensons plutôt que ce médiocre graveur de portraits fut l'élève d'Antoine Masson, dont il grava le portrait, et dont il épousa la fille.

(2) Ce portrait est sans doute celui que possédait M. de la Brethonnière. Le père Martin dans sa notice latine sur M. Lasne placée dans son inestimable compilation manuscrite de l'*Athenæ normannorum*, 1720, et reproduite dans les *Archiv. de l'Art Français*, (*Doc* Tom. I, pag. 218-20), avait fait placer dans la bibliothèque des Cordeliers, un autre portrait qui devait être une copie de celui de Le Brun.

de citer. Nous nous dispenserons donc de le décrire (1). Nous remarquerons seulement que notre graveur tient une planche où est le profil d'un âne, mauvais rébus aussi plaisant que ces vers relatifs à un portrait de Louis XIII :

> Aymable Prince, on trouve estrange
> Qu'un Asne ait conduit le burin
> Qui vous a portrait sur l'airain ;
> Car c'estait l'ouvrage d'un ange.

Nous ne reproduirons pas ici la phrase latine de Sandrart qui paraît s'amuser beaucoup à jouer sur les noms de Michel Lasne et de Lenfant, en les traduisant par *asinus* et par *infans*.

Tel est le résumé des renseignements biographiques que nous avons été à même de rassembler sur un graveur à la mémoire duquel il resterait un dernier hommage à rendre, celui de rédiger le catalogue de son œuvre considérable.

Les deux auteurs de cet article se sont proposé de combler cette lacune regrettable, et s'ils se sont réunis pour publier prochainement ce travail, ils ont voulu se réunir aussi pour faire un appel aux nombreux amateurs qui s'occupent de l'histoire des artistes français; c'est donc à ceux-ci qu'ils s'adressent en réclamant leurs communications obligeantes. Ils ont déjà à remercier M. Mancel, amateur de Caen, des bienveillantes offres de service qu'il a bien voulu leur faire, et prient les amateurs normands qui seraient assez complaisants pour venir à leur aide, de remettre à cet obligeant collectionneur les renseignements biographiques ou iconographiques dont ils pourraient disposer.

(1) Voici cependant l'inscription qui est au bas : *Michel Lasne, designateur et graveur ordinaire du Roy, natif de Caën, décédé à Paris dans son logemet des Galeries du Louvre, en l'année 1667, âgé de 72 ans.—C. Le Brun, pinxit.—N. Habert, sculp. 1700.*

www.ingramcontent.com/pod-product-compliance
Lightning Source LLC
LaVergne TN
LVHW022001060526
838201LV00048B/1658